# GUIDE PRATIO

# DIVERSITY

## BEYOND
## LIP SERVICE

### LA'WANA HARRIS

COMMIT

# TABLE DES MATIÈRES

# INTRODUCTION

**D**epuis des dizaines d'années, nous disons aux gens ce qu'ils doivent penser, dire et faire en matière de diversité et d'inclusion. J'appelle ça la diversité, l'équité et l'inclusion importées. »

Dans **Diversity Beyond Lip Service**, je propose une nouvelle approche « exportée » que j'appelle le coaching d'inclusion, qui encourage les individus à se poser d'abord des questions pour s'approprier la situation et accepter les faits en matière de diversité et d'inclusion. C'est seulement là qu'ils peuvent faire le travail *personnel* nécessaire pour avancer sur le chemin de la diversité et de l'inclusion.

Ce **guide pratique** est conçu en **complément** de Diversity Beyond Lip Service pour t'aider, toi, ton équipe et ton organisation, dans les actions quotidiennes qui favorisent des cultures inclusives. Bien que ce guide puisse être utilisé seul comme point de départ de ton parcours de diversité, d'équité et d'inclusion, je pense que ton expérience en matière d'action et de recherche de tes propres vérités sera plus intense et plus fructueuse si tu lis d'abord Diversity Beyond Lip Service.

La mise en place de cultures inclusives exige que tout le monde joigne le geste à la parole. Par conséquent, tout au long du guide, je te montrerai comment faire ta part pour t'assurer que **toutes les voix sont entendues et valorisées** dans les discussions de ton organisation, quel que soit l'endroit où tu te trouves dans la structure hiérarchique. D'anciens clients, contributeurs et collègues ont gracieusement apporté leur contribution à la discussion, même si les noms et les entreprises ont été remplacés pour ceux qui souhaitent garder l'anonymat.

# COACHING D'INCLUSION ET CADRE DE COMPORTEMENT INCLUSIF COMMIT

Le coaching d'inclusion est un moyen puissant de renforcer tes efforts en matière de diversité, d'équité et d'inclusion car il commence par impliquer les individus où qu'ils se trouvent et sans les juger. Par exemple, au lieu d'être informé durant une session de formation traditionnelle sur la diversité, l'équité et l'inclusion que tu dois être « plus inclusif » et faire en sorte que chacun puisse réciter ta déclaration en matière de diversité, d'équité et d'inclusion, le **coaching d'inclusion** t'aide à examiner tes propres préjugés dans un espace sûr afin de comprendre comment ils se manifestent dans tes échanges avec les individus et les systèmes. Développer une meilleure compréhension de tes préjugés t'aide à progresser vers un état d'esprit plus inclusif et, par conséquent, vers des actions plus inclusives.

Le cadre de comportement inclusif **COMMIT** apporte de la structure au processus de coaching d'inclusion en proposant un cadre pour les conversations de coaching et la mise en place d'une mentalité inclusive.

**C**ommit to Courageous

**A**ction (Engage-toi à agir courageusement) (pour toi-même, l'équipe, l'organisation et le secteur)

**O**pen Your Eyes and Ears (Sois attentif) (aux bonnes choses comme aux mauvaises)

**M**ove Beyond Lip Service (Ne profère pas des paroles en l'air)

**M**ake Room for Controversy and Conflict (Fais place aux polémiques et aux conflits)

**I**nvite New Perspectives (Sois ouvert aux nouvelles perspectives)

**T**ell the Truth Even When it Hurts (Dis la vérité même quand c'est difficile)

Bien que les comportements inclusifs semblent (et soient) simples, ils ne sont pas forcément faciles. Pour approfondir le Coaching d'inclusion et le cadre COMMIT, je t'encourage à lire **Diversity Beyond Lip Service : A Coaching Guide to Challenging Bias**. Tu peux aussi consulter lawanaharris.com pour obtenir des informations et des ressources supplémentaires.

# COMMENT UTILISER LE GUIDE PRATIQUE

Ce guide contient des invites pour t'aider à réfléchir comme un coach et à mettre en pratique les concepts fondamentaux présentés dans *Diversity Beyond Lip Service.*

| | |
|---|---|
| Découvre comment passer à la vitesse supérieure en matière de diversité, d'équité et d'inclusion. | **S'IMPLIQUER** |
| Fais preuve de curiosité et découvre d'autres perspectives. | **ÉCOUTER** |
| Réfléchis en profondeur à l'endroit où tu te situes et à celui où tu veux aller. | **RÉFLÉCHIR** |
| Choisis quelques actions à appliquer à toi-même, aux autres et à ton organisation. | **APPLIQUER** |
| Engage-toi à agir avec courage pour faire avancer la diversité, l'équité, l'inclusion et l'appartenance. | **S'ENGAGER** |

# COMMENCE LÀ OÙ TU TE TROUVES

Ce **Guide pratique** n'est pas destiné à être utilisé chronologiquement ou de manière directive. Nous sommes tous à différents stades de notre parcours Diversité, équité et inclusion. Il est donc important de commencer où tu te trouves, quel que soit le comportement qui te parle le plus. Tu décides où et comment tu commences en fonction de tes besoins.

Je t'encourage à remettre en question tes hypothèses et à rester ouvert à tout ce qui se présente lorsque tu travailleras sur les évaluations, les actions et les réflexions. Donne-toi la possibilité de comprendre ta perspective en matière d'inégalité des pouvoirs et des privilèges sans te sentir obligé de ressentir quoi que ce soit de particulier. Ce n'est qu'à partir de ce point de **réalisation de soi authentique**, de **vulnérabilité** et **d'humilité** que nous pouvons tracer la voie à suivre… ensemble.

Dernier point, mais non des moindres, n'oublie pas de fêter tes réussites tout au long de ton parcours, alors que tu prendras des mesures pour améliorer l'inclusion dans ton organisation et dans ta vie.

**Il ne s'agit pas de perfection, mais de progrès.**

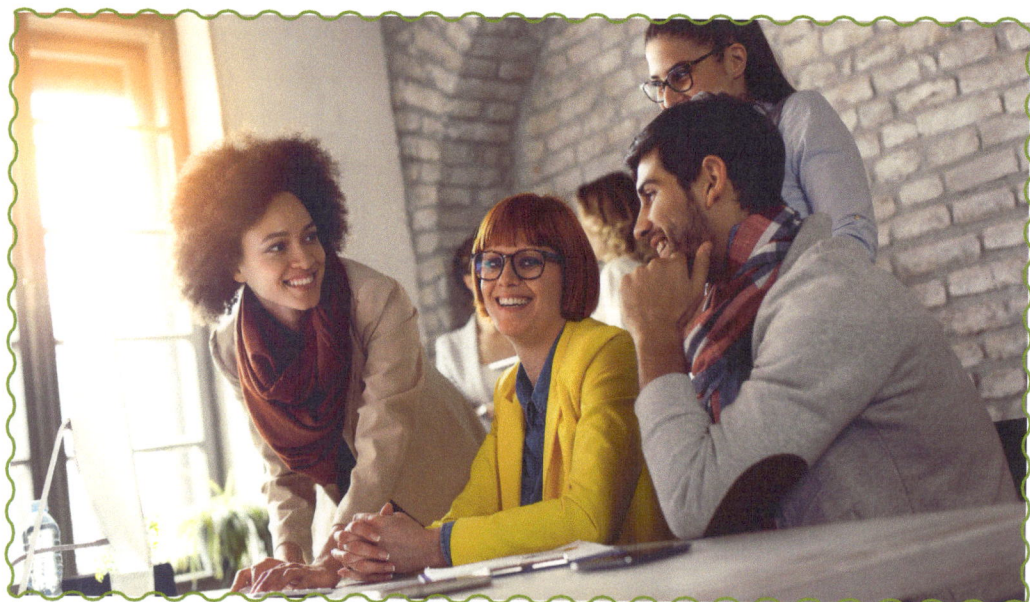

# TROIS PRINCIPES FONDAMENTAUX DU COACHING D'INCLUSION

**N**ulle organisation n'est à l'abri des problèmes complexes qui peuvent survenir lorsque des personnes d'origines et d'expériences différentes travaillent ensemble. Le coaching d'inclusion aide à résoudre ces problèmes en se concentrant sur trois principes fondamentaux :

**Préjugé inconscient :** Quelles sont mes pensées et convictions qui marginalisent ou discriminent involontairement contre certains groupes ?

**Choix délibéré :** Quels choix dois-je faire au quotidien pour mettre en place et entretenir une culture d'entreprise accueillante et inclusive ?

**Agir courageusement :** Comment puis-je remettre en question respectueusement le statu quo, faire remarquer les préjugés et plaider pour un changement systématique ?

## Préjugé inconscient
Quelles sont mes pensées, mes paroles et mes convictions qui marginalisent ou discriminent involontairement ?

## Choix délibéré
Quels choix dois-je faire au quotidien pour mettre en place des discussions accueillantes et inclusives ?

## Agir courageusement
Comment puis-je remettre en question les préjugés respectueusement et les faire ressortir tout en invitant plus de personnes à participer à des échanges sur la diversité ?

# LE CADRE DE COMPORTEMENT INCLUSIF COMMIT

# STABILITÉ

ADAPTABILITÉ MONDIALE

ALIGNEMENT UNIVERSEL AVEC LA PLUPART DES VALEURS D'ENTREPRISE

UN CADRE POUR LA MISE EN PLACE D'UN LANGAGE COMMUN EN MATIÈRE DE DIVERSITÉ, D'ÉQUITÉ ET D'INCLUSION

SUFFISAMMENT SIMPLE À METTRE EN ŒUVRE PAR DES DIRIGEANTS TRÈS OCCUPÉS

PERSONNALISABLE AVEC LES SCÉNARIOS DE COACHING ADAPTÉS

MESURABLE AVEC DES ÉVALUATIONS COMPORTEMENTALES

{ *BENEFITS OF THE COMMIT INCLUSIVE BEHAVIOR FRAMEWORK* }

# CERCLE D'INCLUSION

Les Inclusion Circles™ (Cercles d'inclusion) sont des réunions de groupe qui agissent comme lieu de confiance pour permettre des échanges libres où les gens peuvent apprendre et grandir ensemble.

Dans un Inclusion Circle™, divers groupes d'employés et de dirigeants sont invités à parler de leurs expériences positives, de leurs moments difficiles, de leurs défis, de leurs opportunités et de leurs réflexions générales sur des sujets relatifs à la diversité, l'équité et l'inclusion. Chaque participant est encouragé à s'exercer à écouter attentivement et à s'engager dans un dialogue de transformation sans jugement. Interruption, diaphonie.

# LES MOTS SONT IMPORTANTS

**POUVOIR**
La capacité à faire quelque chose ou à agir d'une manière particulière ; à faire en sorte que ce que l'on veut faire se produise malgré les obstacles, la résistance ou l'opposition ; la capacité ou l'aptitude à diriger ou influencer le comportement des personnes, le cours des événements et/ou des ressources.

**PRIVILÈGE**
Droits, avantages et bénéfices accordés exclusivement à certains groupes de personnes. Fait partie d'un système beaucoup plus général qui existe pour protéger les systèmes et pouvoirs majoritaires.

**ALLIANCE**
Une pratique active, cohérente et laborieuse de désapprentissage et de ré- évaluation dans laquelle une personne en position de privilège et de pouvoir cherche à agir en solidarité avec un groupe marginalisé.

**INCLUSION**
Habilite tous les individus à accéder aux mêmes opportunités et défis ; à bénéficier du même niveau de respect et de valeur ; et à être traités comme ils souhaitent être traités, indépendamment des différences inhérentes ou perçues.

Quelle action spécifique peux-tu entreprendre pour utiliser tes privilèges afin d'offrir un accès et des opportunités aux groupes sous-représentés de ton organisation ?

*Il n'existe pas de races. Non. Scientifiquement parlant, anthropologiquement parlant, il n'y a qu'une seule race humaine. Le racisme est fabriqué, une fabrication sociale... il a une fonction sociale, le racisme.*
**Toni Morrison**

ENGAGE-TOI
À AGIR
COURAGEUSEMENT

# CITATIONS

*Le courage est la plus importante de toutes les vertus, car sans courage, on ne peut pas faire preuve d'une autre vertu de manière constante. Tu peux faire preuve de n'importe quelle vertu par intermittence, mais rien de façon constante sans courage.*

Maya Angelou

LES LEADERS DE DEMAIN SONT À LA RECHERCHE DE PLUS QU'UN SIMPLE SALAIRE.

ILS ÉVALUENT LA CONSCIENCE SOCIALE DE LEURS EMPLOYEURS POTENTIELS.

COMMENT VAS-TU COACHER LA PROCHAINE GÉNÉRATION DE LEADERS ?

# ENGAGE-TOI
# À AGIR
# COURAGEUSEMENT

**P**renons l'exemple de « Michael », cadre supérieur prometteur qui incarne la réalité de ce que les dirigeants peuvent faire lorsqu'ils s'engagent à faire les efforts nécessaires pour mettre en place des lieux de travail diversifiés et inclusifs. Il travaille dans une grande entreprise, dans un service connu sous le nom de « Club exclusif », surnom issu de sa réputation d'ambiance de club réservé aux hommes avec une diversité quasi inexistante. Le patron de Michael, « Todd », ne voit pas de problème dans son service. Il a dit qu'il ne pense jamais en termes de race, de sexe ou de tout autre aspect de la diversité lorsqu'il recrute. « J'embauche simplement la meilleure personne pour le poste », a expliqué Todd un jour.

Toutefois, Michael a commencé à voir les préjugés sous-jacents qui ont conduit à la constitution du service. Il a demandé un coaching individuel et a expliqué que sa femme avait fait l'objet d'une discrimination flagrante au travail sur la base de son sexe, ce qui a incité Michael à réfléchir sérieusement à la manière dont la composition uniforme de son service pourrait avoir un effet négatif, voire exclure, toute personne différente du groupe dominant. Michael a été profondément troublé de constater que la dynamique de son équipe était étonnamment similaire à celle de l'organisation de sa femme.

En toute franchise, Michael raconte : « J'ai dû regarder ma femme dans les yeux et lui admettre que j'avais contribué au système qui la dérangeait tant. » Prendre conscience de sa propre contribution est la première étape essentielle et, après réflexion, la position avisée de Michael, accompagnée d'une formation et de discussions plus poussées, peut l'amener à transformer sa propre perspective et la façon dont il est perçu en tant que leader inclusif.

Dans ces moments-là, les avancées sont possibles, les révélations personnelles conduisent à de nouvelles perspectives, et il faut avoir le courage de changer les choses. Michael, par exemple, a commencé à s'exprimer durant ses réunions avec Todd, en demandant si le service faisait vraiment tout ce qu'il pouvait pour « embaucher la meilleure personne ».

## Quels sont les principaux moyens d'améliorer la connaissance de soi et le questionnement ?

❋ _____

❋ _____

❋ _____

❋ _____

❋ _____

❋ _____

❋ _____

❋ _____

# Trois piliers pour diriger de manière inclusive

**POUVOIRS ET PRIVILÈGES**
Tire parti de tes pouvoirs et de tes privilèges
pour favoriser l'inclusion.

**ALLIANCE**
Deviens un allié avisé et
efficace des groupes sous-
représentés.

**INCLUSION AU QUOTIDIEN**
Intègre les comportements
inclusifs dans tes méthodes
de travail.

# COMPORTEMENTS DE LEADERSHIP INCLUSIF

**Les dirigeants doivent se regarder dans la glace et être sincères sur ce qu'ils voient.**

**Fait** preuve de recul et de conscience de soi

**Adopte** une attitude de leader au service des autres

**A l'esprit** ouvert à différentes façons de penser, de faire et d'être

**Affiche** sa vulnérabilité en s'appropriant ses lacunes et ses erreurs

**Écoute** pour comprendre

**Partage** son pouvoir pour le bien de tous

**Apprécie** la valeur intrinsèque de chacun

**Crée des** espaces sûrs pour favoriser la découverte, la créativité et la prise de risques

**Recherche** délibérément à apprendre et à désapprendre

**Démontre** de solides compétences transculturelles

**A le courage** de défendre les autres

**Se préoccupe** à la fois des individus et de l'entreprise

**Reconnaît** l'intersectionnalisme et le fait qu'il existe une diversité dans la diversité

**Gère** efficacement les besoins individuels en plus des besoins collectifs

**Veille** à ce que les conflits soient résolus de manière à ce que chacun se sente respecté et écouté

**Donne** un feedback concret et aide les autres à atteindre leurs objectifs

**Met** en place une culture de respect de chacun

**Fait** preuve d'intégrité relationnelle

**Sollicite** du feedback sur ses faiblesses et ses préjugés

**Respecte** ses valeurs en tout temps

# EXPÉRIENCE DE L'EMPLOYÉ

Réfléchis délibérément à l'endroit où tu recherches des talents. Collabore avec les universités traditionnellement noires, les organisations d'anciens combattants et autres associations qui travaillent avec des groupes diversifiés. Propose des mentors, des ressources et des points réguliers pendant la période d'intégration pour garantir une bonne intégration.

Donne priorité au parrainage en plus du mentorat pour la progression de carrière. Apprends aux responsables à reconnaître et remettre en question les préjugés et les stéréotypes. Assure la diversité dans les processus de prise de décision concernant la répartition des tâches, la gestion des talents et le développement du leadership.

Sensibilise et responsabilise pour atténuer les préjugés dans chaque aspect du processus de gestion des performances. Utilise des données provenant de diverses sources pour minimiser la subjectivité des étalonnages. Remets en question les hypothèses et les règles tacites.

Développe délibérément un solide vivier de talents diversifiés. Mets en place des opportunités de gestion des talents dédiées aux diverses populations, notamment la transparence dans le processus de plans de succession, et communique largement sur les objectifs et les repères.

Examine tes pratiques et politiques de rémunération. Effectue un audit sur l'équité salariale à l'échelle de l'entreprise. Mets en place des systèmes de gestion du capital humain évolutifs pour remédier aux disparités, utilise l'analyse prédictive pour identifier les domaines d'opportunité et sois prêt à agir en fonction des résultats.

Réalise systématiquement des entretiens de départ pour comprendre les points forts et les domaines d'opportunité de ton organisation en matière de diversité, d'équité et d'inclusion. Approprie-toi les problèmes liés à la rétention de talents divers et traite-les.

Ne te contente pas d'une façade, mets en place une véritable culture d'inclusion.

# Alliance réfléchie

## Quels sont les points d'intersection ?

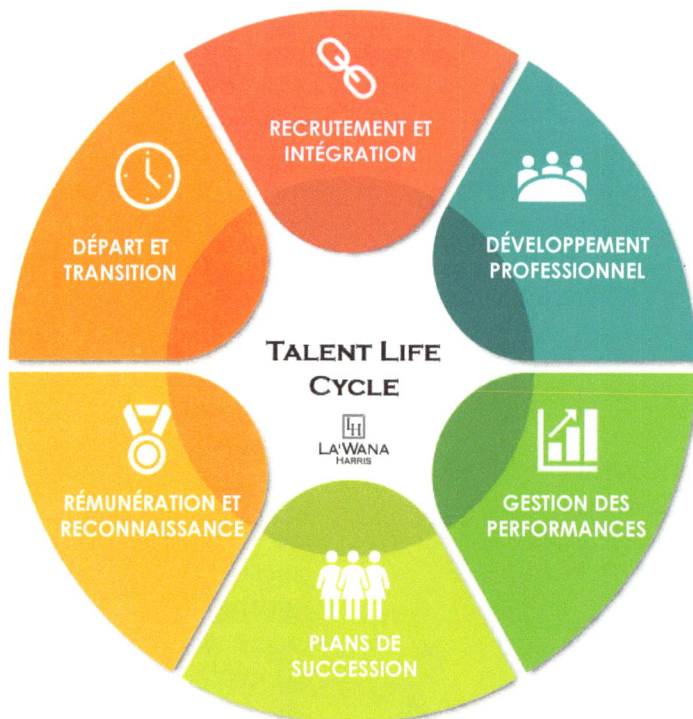

| Contributeur individuel | Leader | Systématique |
|---|---|---|
| | | |

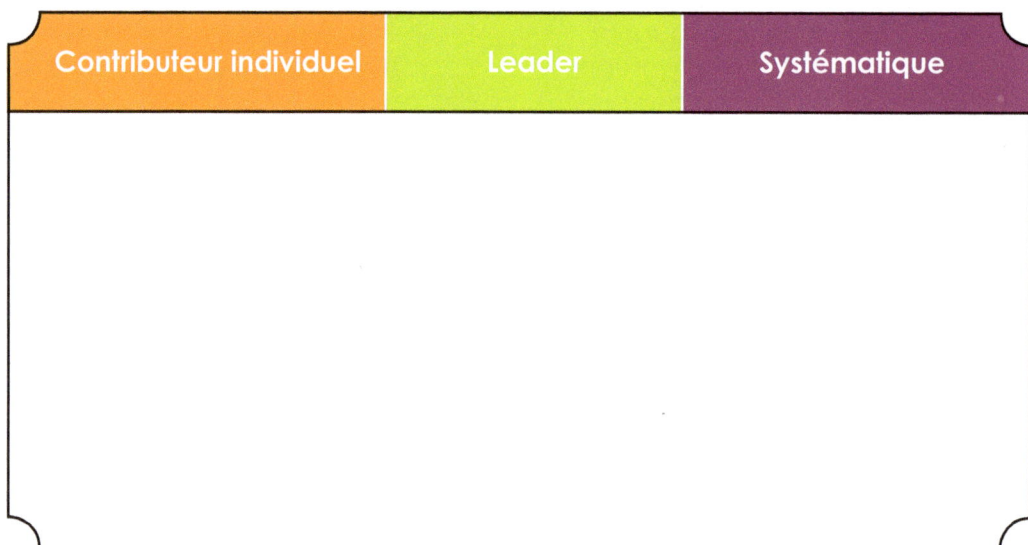

# Évaluation

Je m'engage à prendre des mesures pour encourager l'inclusion. _____

Je définis des attentes et des objectifs spécifiques avec mon équipe en matière d'inclusion tout en adoptant moi-même des comportements inclusifs. _____

Je défends l'inclusion comme une valeur d'entreprise et une compétence de leadership fondamentale. _____

Je crée et mets en œuvre des moyens de développer une culture d'inclusion. _____

Je ne profère pas des paroles en l'air en matière d'inclusion : je traite chacun avec dignité et respect. _____

**Quels sont tes points forts ? Comment se sont-ils manifestés dans ta vie ?**

❈ _____

❈ _____

**Quels sont tes domaines d'opportunité ? Comment se sont-ils manifestés dans ta vie ?**

❈ _____

❈ _____

# APPLICATION

## TOI

> Identifie tes points forts et tes domaines d'opportunité grâce à l'auto-évaluation COMMIT.

> Crée un plan d'action pour renforcer tes points forts et améliorer tes domaines d'opportunité.

> Partage tes plans avec ton responsable et comparez vos progrès.

## ÉQUIPE

> Intègre le cadre de comportement inclusif COMMIT dans tes discussions de coaching les employés.

> Encourage ton équipe à faire l'auto-évaluation COMMIT et à identifier ses points forts et ses points d'améliorations.

> Crée un espace sûr où tes collaborateurs partageront leurs forces et leurs faiblesses.

## ENTREPRISE

> Rejoins ou dirige un ERG/BRG ou un comité d'inclusion pour aider à identifier des synergies avec les besoins commerciaux.

> Identifie les moyens par lesquels la diversité, l'équité et l'inclusion peuvent contribuer aux exigences commerciales.

> Ajoute des indicateurs de diversité, d'équité et d'inclusion dans ton plan commercial.

> **Comment vas-tu coacher
> la prochaine génération de leaders
> à agir avec courage ?**

Le modèle COMMIT aide les coachs pour qu'ils posent aux individus des questions habilitantes qui s'appuient sur leurs réalités et éveillent leur curiosité envers eux-mêmes et envers ceux qui sont différents.

## EXEMPLE DE QUESTIONS DE COACHING :

Quelle différence veux-tu faire dans les efforts de diversité, d'équité et d'inclusion ?

Que t'es-tu engagé à faire en matière de diversité, d'équité et d'inclusion ?

À quoi ressemble le succès et comment vas-tu le mesurer ?

Comment peux-tu mettre en place une culture d'inclusion ?

Que vas-tu faire ? Quand ?

## RÉDIGE TES PROPRES QUESTIONS DE COACHING :

❋ _____

❋ _____

❋ _____

❋ _____

❋ _____

# Réflexion

Qu'est-ce qui t'empêche d'agir avec courage ?

❋ _____

❋ _____

❋ _____

❋ _____

❋ _____

Qu'est-ce qui te vient à l'esprit lorsque tu réfléchis à cette question ?

❋ _____

❋ _____

❋ _____

❋ _____

❋ _____

Note tes réflexions dans la section Commentaires.

# Commentaires

❋ _____

❋ _____

❋ _____

❋ _____

❋ _____

❋ _____

❋ _____

❋ _____

❋ _____

❋ _____

❋ _____

❋ _____

❋ _____

❋ _____

❋ _____

❋ _____

# SOIS ATTENTIF

# CITATIONS

*Le coaching libère les vérités fondamentales et le pouvoir de transformation qui sommeillent en chacun de nous.*

# S'IMPLIQUER

Un obstacle majeur à la mise en place d'un « **environnement favorable, collaboratif et prospère** » est la tendance généralisée à ne pas voir ni entendre les manières dont les membres des groupes minoritaires sont soumis à une discrimination subtile et à des micro-agressions, ce qui, au final, les dépouille de leur individualité et leur humanité.

**Les micro-agressions sont des** commentaires ou des actions subtils qui traduisent un préjugé contre une personne d'un groupe marginalisé. Qu'elles soient intentionnelles ou non, ces situations, qui passent souvent comme de bonnes intentions ou, pire, comme des révélations, perpétuent l'inégalité.

Les micro-agressions sont comme des gouttes d'eau qui tombent sur un rocher et finissent par affaiblir même la personne la plus forte si elles ne sont pas contrôlées.

Pour les éviter, de nombreuses personnes choisissent de **faire semblant d'être quelqu'un d'autre au travail**, en retrouvant leur vraie culture et leur vraie personnalité seulement en quittant le bureau le soir pour rentrer chez elles. D'autres décident de quitter complètement une organisation et de chercher un lieu de travail où elles n'ont pas à compromettre leur identité ou à la cacher.

En faisant l'effort de voir et d'entendre les aspects subtils et dissimulés ainsi que les aspects évidents et manifestes, soit les deux formes que prennent les préjugés et les tendances discriminatoires profondément ancrés, tu **supprimes le filtre culturel correspondant de déni et de dérobade.**

# Par où commencer

## MIROIRS

" « Il n'est pas facile de regarder dans le miroir parce que tu pourrais voir des choses que tu ne veux pas voir. »

- Michelle, vice-présidente du marketing "

## FENÊTRES

" « Mon équipe, mon conseil d'administration et ma famille me demandent quoi faire, et je me sens perdu. »

- Jason, PDG "

## PORTES

" « La complexité de notre réalité actuelle fait qu'il est difficile de décider quand et comment agir. »

- Sandra, directrice principale "

" « Nous ne pouvons pas nous arrêter à la prise de conscience. Le travail sur soi est nécessaire pour apporter des changements significatifs. » "

# Évaluation

ÉVALUE CHAQUE DÉCLARATION EN UTILISANT L'ÉCHELLE SUIVANTE :

5 Tout à fait d'accord
4 D'accord
3 Sans avis
2 Pas d'accord
1 Pas du tout d'accord

Je pratique une écoute attentive et fais preuve d'empathie pour tisser des liens avec les autres. _____

Je reconnais et gère mes propres faiblesses, préjugés et croyances limitatifs. _____

J'examine et je parle des stéréotypes qui peuvent influencer les affectations et les environnements de travail. _____

J'applique une politique de tolérance zéro face aux comportements répressifs, d'exclusion ou préjudiciables au travail comme en dehors du travail. _____

Je suis conscient que les privilèges et les préjugés généralisés affectent les politiques, le recrutement, les plans de succession et les promotions. _____

**Quels sont tes points forts ? Comment se sont-ils manifestés dans ta vie ?**

✳ _____

✳ _____

**Quels sont tes domaines d'opportunité ? Comment se sont-ils manifestés dans ta vie ?**

✳ _____

✳ _____

# APPLICATION

## TOI

> Efforce-toi délibérément de comprendre l'expérience des employés issus de minorités.

> Établis une relation de mentorat avec une personne différente de toi.

> Intéresse-toi au dialogue interne, aux préférences et aux modèles qui ressortent de tes échanges avec les autres.

## ÉQUIPE

> Ajoute une partie « Voix de la diversité » à tes réunions d'équipe pour accroître la sensibilisation et la participation.

> Définis une charte d'équipe qui encourage explicitement les comportements inclusifs.

> Organise un exercice « Arrêter, démarrer, continuer » pour connaître l'état d'avancement de ton équipe par rapport à l'inclusion et à l'appartenance.

## ENTREPRISE

> Adopte une optique de diversité et d'inclusion pour évaluer les perspectives commerciales.

> Assure une représentation diversifiée pour prendre les décisions commerciales importantes. (Vas au-delà de la « diversité de pensée »)

> Identifie et approprie-toi les domaines existants pauvres en matière de diversité et d'inclusion.

**Comment vas-tu coacher
la prochaine génération de leaders
à s'engager à être attentifs ?**

Le modèle COMMIT aide les coachs pour qu'ils posent aux individus des questions habilitantes qui s'appuient sur leurs réalités et éveillent leur curiosité envers eux-mêmes et envers ceux qui sont différents.

### EXEMPLE DE QUESTIONS DE COACHING :

Que vois-tu ?

Qu'ignores-tu ?

Que peux-tu arrêter de tolérer ?

Que ressent-on lorsqu'on fait ta connaissance ? En tant que leader ? En tant que collègue ?

Qui es-tu ?

### RÉDIGE TES PROPRES QUESTIONS DE COACHING :

- ______________________
- ______________________
- ______________________
- ______________________
- ______________________

# Réflexion

Que peux-tu arrêter de tolérer ?

- ______________________________
- ______________________________
- ______________________________
- ______________________________
- ______________________________

Qu'est-ce qui te vient à l'esprit lorsque tu réfléchis à cette question ?

- ______________________________
- ______________________________
- ______________________________
- ______________________________
- ______________________________

Note tes réflexions dans la section Commentaires.

# Commentaires

❋ _____
❋ _____
❋ _____
❋ _____
❋ _____
❋ _____
❋ _____
❋ _____
❋ _____
❋ _____
❋ _____
❋ _____
❋ _____
❋ _____
❋ _____
❋ _____
❋ _____

# NE PROFÈRE PAS DES PAROLES EN L'AIR

# CITATIONS

*Nous ne ferons aucun progrès tant que les populations historiquement dominantes n'auront pas pris conscience de leur aveuglement délibéré face à l'oppression institutionnelle.*

# S'IMPLIQUER

Le chemin vers l'inclusion implique **d'être à l'aise d'être mal à l'aise.** La société fait légitimement valoir le fait que la réussite future de nos organisations exige plus de diversité. Mais la société ne peut pas réparer les choses de l'extérieur. Les solutions doivent provenir des organisations elles-mêmes, en particulier des cadres dirigeants. Nous devons **travailler de l'intérieur et de l'extérieur** pour que les personnes au pouvoir soient à l'aise de le partager. On peut parfois rencontrer des obstacles sur ce cheminement vers le pouvoir partagé.

Remarque importante : Certaines personnes interprètent mal l'incitation à parler franchement ou à être authentique et pensent qu'elles peuvent dire tout ce qui leur passe par la tête, même si c'est blessant.

Pour plus de clarté, faire des remarques désobligeantes à propos d'un groupe, quelles que soient les circonstances, ne perpétue que les préjugés, les partis pris et l'exclusion. Aller au-delà des paroles en l'air implique plus que de **parler des problèmes passés** et du privilège de ta réalité. Tu dois aussi proposer des comportements pour aborder et annuler leurs nombreux effets négatifs.

Il est temps de reconnaître **l'état actuel** de notre **culture** et d'où elle est issue. Nous ne pouvons pas simplement dire nos vérités, nous devons nous les approprier. Cette dernière partie est la plus importante, et aussi la plus difficile.

# Les quatre étapes de l'engagement

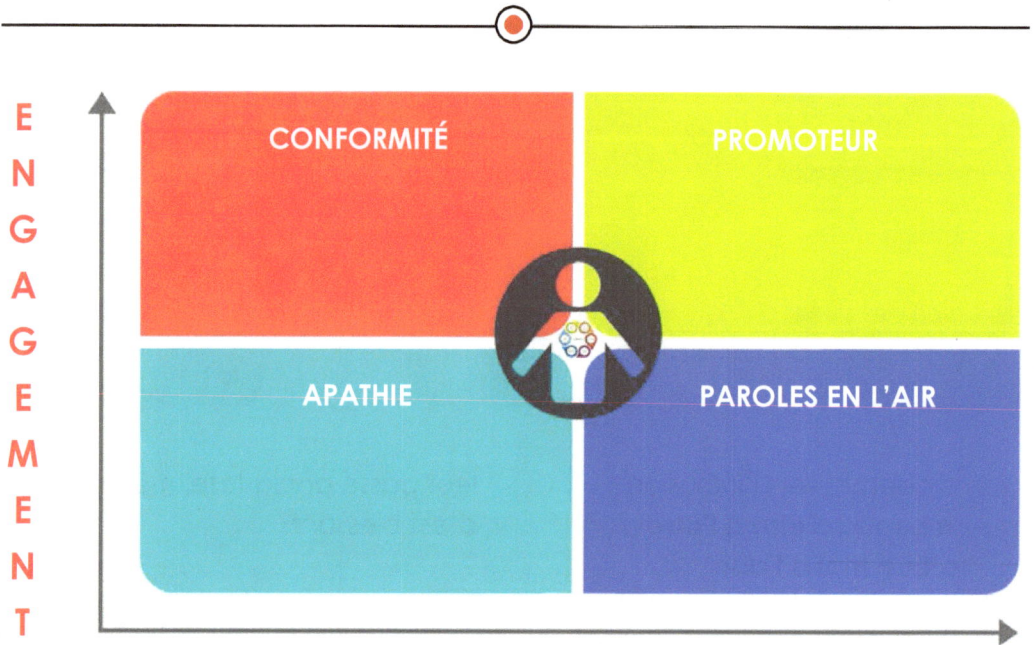

| | SOUTIEN | |
|---|---|---|
| **ENGAGEMENT** | CONFORMITÉ | PROMOTEUR |
| | APATHIE | PAROLES EN L'AIR |

Source : La'Wana Harris, Diversity Beyond Lip Service

Mme Harris a présenté les phases de l'engagement en matière de diversité, d'équité et d'inclusion selon les principes de l'engagement et du soutien. Ses recherches sur les organisations lui ont permis de constater que la plupart des personnes tombent dans l'un des quatre quadrants relatifs à leur engagement en matière de diversité, d'équité et d'inclusion : conformité, apathie, promoteur et paroles en l'air. Les dirigeants qui se trouvent dans le quadrant de la conformité visent à faire le travail et à respecter les indicateurs de référence. Toutefois, leur principale motivation est souvent la conformité envers les lois d'égalité des chances à l'emploi ou les exigences légales. Ils n'ont pas nécessairement le sens du bien-être et de l'élément humain au cœur des activités de diversité, d'équité et d'inclusion. Les leaders dans le quadrant de l'apathie affichent un faible niveau d'engagement et de soutien en matière de diversité, d'équité et d'inclusion, et s'avèrent être les plus résistants au progrès. Les promoteurs affichent un haut niveau d'engagement et de soutien à leurs organisations en matière de diversité, d'équité et d'inclusion et prennent souvent l'initiative de promouvoir l'inclusion.

Les leaders dans le quadrant des paroles en l'air sont plus compliqués que les autres. « C'est pourquoi ma devise est « la diversité au-delà des paroles en l'air » car si tu approfondis avec ces dirigeants, ils disent généralement tout ce qu'il faut et, au fond d'eux-mêmes, ils se soucient vraiment de la diversité, de l'équité et de l'inclusion » explique Mme Harris. « C'est juste qu'ils n'ont pas le niveau d'engagement nécessaire. Au travail, ce sont les dirigeants qui disent des choses comme « Je suis d'accord ». « Je suis là pour vous aider. » « Je crois en la diversité, l'équité et l'inclusion. » Toutes ces choses semblent intéressantes,

mais puisque ce sont des paroles en l'air, ils ne l'accompagnent pas nécessairement avec un budget ou n'y consacrent pas un véritable ETP (équivalent temps plein). Ils considèrent souvent la diversité, l'équité et l'inclusion comme un supplément facultatif aux responsabilités professionnelles d'une personne. Et, par conséquent, ils représentent une énigme intéressante : ces leaders s'intéressent, mais ils ne s'engagent pas. »

En fin de compte, savoir où se situent les dirigeants sur le spectre du soutien et de l'engagement sert de point de référence pour permettre une meilleure communication et adaptabilité. Comprendre où nous en sommes tous dans notre parcours permet de savoir comment gérer la tâche avec efficacité et efficience.

# Évaluation

Je dirige en donnant l'exemple et j'utilise mon pouvoir et mon influence pour défendre la diversité et l'inclusion. J'encourage mes pairs à en faire de même. _____

Je contribue à créer un environnement où chacun se sent à l'aise d'être ce qu'il est et où personne n'a besoin de faire semblant d'être quelqu'un d'autre. _____

J'adopte une approche collaborative et j'examine différentes façons d'apprendre, de travailler et de diriger lorsque je fixe des objectifs. _____

Je dirige avec courage et je provoque des actions ou discussions sur l'inclusion à tous les niveaux hiérarchiques. _____

Je sollicite le feedback de personnes de cultures, d'antécédents et de façons de penser différents. Je réfléchis à la façon de mieux m'adapter aux autres et de communiquer avec eux. _____

**Quels sont tes points forts ? Comment se sont-ils manifestés dans ta vie ?**

❊ _____

❊ _____

**Quels sont tes domaines d'opportunité ? Comment se sont-ils manifestés dans ta vie ?**

❊ _____

❊ _____

# APPLICATION

## TOI

> Exprime-toi durant les réunions et les conférences téléphoniques lorsque des comportements d'exclusion surviennent dans la prise de décision.

> Identifie le rôle que le privilège joue dans ton travail et dans ta vie et réfléchis à la façon d'utiliser ce privilège pour aider les autres.

> Défends la diversité et l'inclusion comme compétences fondamentales dans ton organisation.

## ÉQUIPE

> Mets en place un prix « Diversité, équité et inclusion » pour ton équipe qui récompensera les comportements inclusifs.

> Développe et mets en œuvre des objectifs de diversité et d'inclusion dans ton équipe.

> Ajoute un élément culturel à tes activités de renforcement d'équipe pour impliquer divers groupes et accroître la sensibilisation.

## ENTREPRISE

> Vérifie l'activité Diversité, équité et inclusion existante et supprime ou ajuste les initiatives qui n'aboutissent pas.

> Développe volontairement un vivier de candidats diversifiés et travaille avec les recruteurs pour garantir que tous les postes ont des candidats d'origines diverses.

> Invite des leaders d'opinion externes en matière de diversité, d'équité et d'inclusion à discuter des besoins commerciaux spécifiques de l'entreprise avec les dirigeants.

> **Comment vas-tu coacher la prochaine génération de leaders à s'engager à aller au-delà des paroles en l'air ?**

Le modèle COMMIT aide les coachs pour qu'ils posent aux individus des questions habilitantes qui s'appuient sur leurs réalités et éveillent leur curiosité envers eux-mêmes et envers ceux qui sont différents.

**EXEMPLE DE QUESTIONS DE COACHING :**

Qu'as-tu que tu n'utilises pas ?

Comment peux-tu aller jusqu'au bout et au-delà ?

Que choisis-tu de faire évoluer en matière d'inclusion ?

Si tu devais relever la barre, à quoi ressembleraient les choses ?

Quelles seraient les possibilités si tu ne te censurais pas ?

**RÉDIGE TES PROPRES QUESTIONS DE COACHING :**

�֎ _____

✖ _____

✖ _____

✖ _____

✖ _____

# Réflexion

Comment peux-tu utiliser ton privilège pour habiliter les autres ?

* _____
* _____
* _____
* _____
* _____

Qu'est-ce qui te vient à l'esprit lorsque tu réfléchis à cette question ?

* _____
* _____
* _____
* _____
* _____

Note tes réflexions dans la section Commentaires.

# Commentaires

❋ _____

❋ _____

❋ _____

❋ _____

❋ _____

❋ _____

❋ _____

❋ _____

❋ _____

❋ _____

❋ _____

❋ _____

❋ _____

❋ _____

❋ _____

❋ _____

# FAIS PLACE AUX POLÉMIQUES ET AUX CONFLITS

# CITATIONS

*L'inclusion ne consiste pas à mettre tout le monde à l'aise. Bien au contraire. L'inclusion bien appliquée engendrera des conflits et des controverses productifs.*

# S'IMPLIQUER

**B**ien sûr, les différences d'opinion, les convictions, les valeurs, etc., sont également source de **conflit**, et cela **peut être une bonne chose !**

Je pense que l'inclusion bien appliquée génère des conflits et des controverses productifs et représente le premier pas vers le progrès et l'innovation.

Le terme clé ici est « productif ». **Bien encadré et abordé avec curiosité**, le conflit peut pousser les organisations vers de véritables progrès en transformant les idées glanées dans les moments de tension en étapes cruciales dans l'élaboration de solutions durables.

Alors, que signifie de faire place à la controverse et au conflit sur le lieu de travail ? Tout commence par parler de sujets et prendre des mesures qui sont **traditionnellement** considérés comme **hors limites ou tabous**. C'est reconnaître et accepter que, même s'il est finalement bénéfique pour toutes les personnes impliquées, le processus ne sera ni facile, ni agréable.

Encourager le dialogue et l'action correspondante concernant les sujets controversés obligera les gens à aller au-delà de leur zone de confort. C'est l'équivalent d'une mission à l'échelle de l'entreprise.

# S'IMPLIQUER

La mise en place d'espaces sûrs n'est que la première étape pour laisser place aux conflits et aux controverses. La partie la plus difficile commence une fois que le conflit et la controverse sont acceptés et que tu dois alors les amener à un endroit productif avant qu'ils ne se transforment en véritable pagaille.

Lorsque toi ou tes employés estimez qu'une discussion a atteint le point où vous devez vous regrouper, quelques étapes simples peuvent servir de repères à la réflexion et aux actions correspondantes.

Tout d'abord, **P**ay attention (Observe) ce qui se passe sans porter de jugement, puis **A**cknowledge (Reconnais) tes propres réactions et interprétations, **U**nderstand (Tiens compte) de la manière dont les perceptions des autres diffèrent des tiennes, **S**earch (Cherche) un terrain d'entente pour développer des solutions productives, et enfin **E**xecute (Exécute) un plan réfléchi et délibéré. Ce cadre peut t'aider à remettre les choses sur la bonne voie lorsque les émotions prennent le dessus et servir de base pour reprendre des discussions importantes.

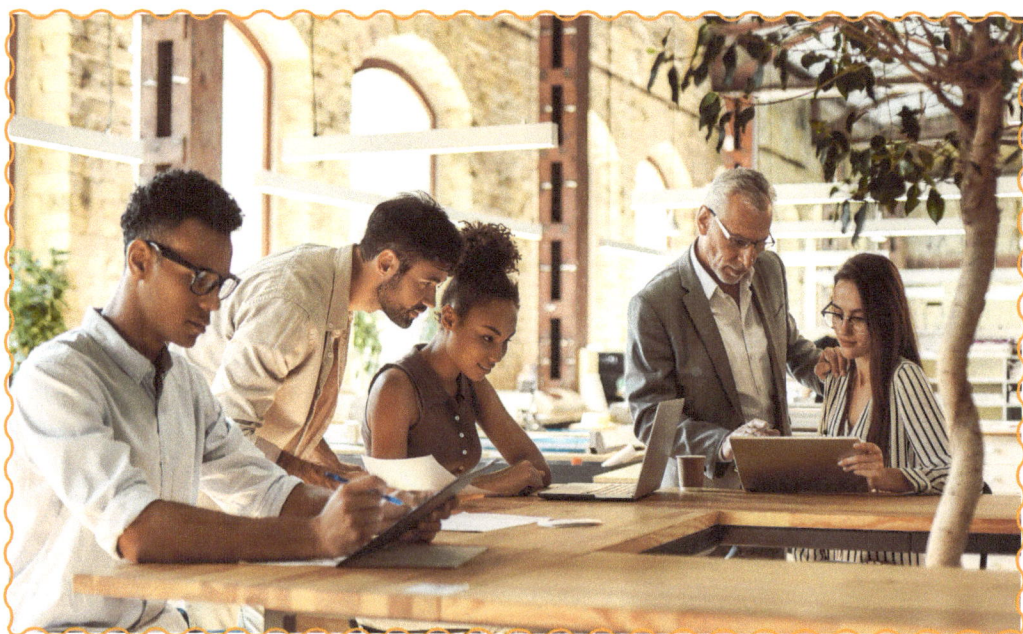

# Étapes d'une PAUSE réfléchie

**P** Pay attention (Observe) ce qui se passe sans porter de jugement

**A** Acknowledge (Reconnais) tes propres réactions et interprétations

**U** Understand (Tiens compte) de la manière dont les perceptions des autres diffèrent des tiennes

**S** Search (Recherche) un terrain d'entente pour développer des solutions productives

**E** Execute (Exécute) un plan réfléchi et délibéré

Adapté de Cook Ross

# Évaluation

**ÉVALUE CHAQUE DÉCLARATION EN UTILISANT L'ÉCHELLE SUIVANTE :**
5 Tout à fait d'accord
4 D'accord
3 Sans avis
2 Pas d'accord
1 Pas du tout d'accord

Je respecte mes valeurs en tout temps lorsque je suis confronté à des sujets difficiles ou délicats. ____________

J'examine les conflits avec humilité et vulnérabilité et reste ouvert aux nouvelles informations et perspectives. ____________

Je rejette les requêtes qui marginalisent ou excluent les autres. ____________

J'encourage la responsabilisation en matière d'inclusion dans mon organisation : de la part de chacun, à tous les niveaux, et tous les jours. ____________

J'analyse mes craintes et ma gêne lorsque je suis dans des situations difficiles. ____________

**Quels sont tes points forts ? Comment se sont-ils manifestés dans ta vie ?**

- ____________________________________________
- ____________________________________________

**Quels sont tes domaines d'opportunité ? Comment se sont-ils manifestés dans ta vie ?**

- ____________________________________________
- ____________________________________________

# APPLICATION

## TOI

> Identifie tes déclencheurs en matière de diversité, d'équité et d'inclusion et crée un petit exercice mental à activer en cas de besoin.

> N'évite pas délibérément les conversations difficiles.

> Demande à une personne qui a des opinions très différentes des tiennes de rejoindre ton équipe.

## ÉQUIPE

> Partage tes expériences positives en matière de résolution de conflits en lien avec la différence.

> Crée plusieurs façons pour ton équipe de communiquer des nouvelles désagréables ou des préoccupations, par exemple par écrit, de façon anonyme ou verbale, individuellement ou en équipe.

> Présente la méthode PAUSE dans tes réunions d'équipe et entraînez-vous à l'utiliser.

## ENTREPRISE

> Mets en place des espaces sûrs qui permettent aux gens de partager leurs expériences et de parler franchement sur le thème de la diversité, de l'équité et de l'inclusion.

> Sollicite et propose des solutions alternatives pour communiquer les décisions commerciales difficiles.

> Élabore un plan axé sur l'aspect social en parallèle de ton plan commercial pour intégrer l'impact humain des discussions difficiles.

> **Comment vas-tu coacher la prochaine génération de leaders à s'engager à faire de la place à la controverse et aux conflits ?**

Le modèle COMMIT aide les coachs pour qu'ils posent aux individus des questions habilitantes qui s'appuient sur leurs réalités et éveillent leur curiosité envers eux-mêmes et envers ceux qui sont différents.

**EXEMPLE DE QUESTIONS DE COACHING :**

Idéalement, que ferais-tu ensuite ?

Qu'est-ce qui te fait peur en matière de diversité et d'inclusion ?

Que peux-tu refuser de faire ?

Qu'est-ce qui t'en empêche ?

Quel serait le coût pour toi si les choses restaient identiques à ce qu'elles sont ?

**RÉDIGE TES PROPRES QUESTIONS DE COACHING :**

❊ _____

❊ _____

❊ _____

❊ _____

❊ _____

# Réflexion

Quel serait le coût pour toi si les choses restaient identiques ?

❋ _____

❋ _____

❋ _____

❋ _____

❋ _____

Qu'est-ce qui te vient à l'esprit lorsque tu réfléchis à cette question ?

❋ _____

❋ _____

❋ _____

❋ _____

❋ _____

Note tes réflexions dans la section Commentaires.

# Commentaires

�֎ _____

✖ _____

✖ _____

✖ _____

✖ _____

✖ _____

✖ _____

✖ _____

✖ _____

✖ _____

✖ _____

✖ _____

✖ _____

✖ _____

✖ _____

✖ _____

# SOIS OUVERT AUX NOUVELLES PERSPECTIVES

# CITATIONS

*Nous pouvons tous décider
d'apprendre, d'étudier
et de tester de nouvelles
façons de penser et de faire
qui nous aident à changer
de comportement.*

# S'IMPLIQUER

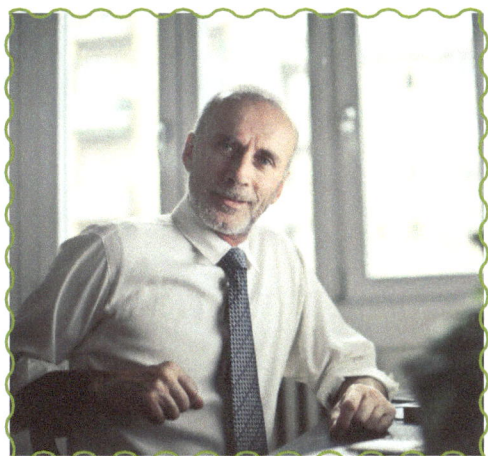

L'intersectionnalisme est le chevauchement de différents aspects de nos identités. Par exemple, Rob est un homme blanc, un hétérosexuel et un vétéran. Bien qu'à première vue il puisse avoir l'air de faire partie de la majorité dominante, **son histoire est plus compliquée**, et certains aspects de l'identité de Rob qui le rendent différent sont également ceux qu'il peut utiliser pour apporter une valeur ajoutée à une organisation.

Notre société est bâtie sur des systèmes et des structures qui étiquettent et catégorisent tout. Nous avons même commencé à catégoriser les personnes qui ne souhaitent pas être catégorisées ! Cela fait partie de la manière dont nous appréhendons le monde qui nous entoure. Cependant, nous donnons souvent priorité à une seule partie de notre personnalité. Ensuite, nous sélectionnons d'autres identités que nous gardons en tête en permanence. Tout cela conduit à la conviction que ces choses définissent qui nous sommes et déterminent comment nous sommes perçus. La vérité, c'est que **toutes nos identités, toute notre histoire, et tout ce que nous sommes ressortent en même temps.**

Chaque employé est une ressource humaine précieuse, et il incombe à l'organisation et à ses dirigeants de maximiser le potentiel et les contributions de chacun. Tirer le meilleur parti des personnes avec qui nous travaillons signifie **changer la structure de la conversation** et créer un environnement où chacun se sent suffisamment à l'aise pour apporter ses perspectives uniques, même lorsque ces idées entrent en conflit avec les croyances populaires.

Nous avons besoin de personnes qui exposent de nouvelles idées, d'autres pour les contester, et d'autres encore pour les aborder sous un angle différent. Différentes voix, différentes expériences et différentes façons de penser nous permettent de **trouver des façons d'exploiter de nouveaux marchés** et **de développer nos activités.** Elles nous aident à comprendre pourquoi ce que nous faisons aujourd'hui peut ne pas fonctionner et nous proposent de nouvelles méthodes qui pourraient être beaucoup plus efficaces.

# ÉCOUTER

## HOMME, BLANC, HÉTÉROSEXUEL ET VÉTÉRANT – ROB

Rob était très sérieux lorsqu'il est arrivé à sa session de coaching. « Je ne comprends tout simplement pas ce que je dois faire », m'a-t-il dit. « Je fais tout ce que je peux au travail, mais j'ai l'impression que ce n'est jamais assez.

» J'ai hoché la tête. « J'entends la frustration dans ta voix. »

« En règle générale, je ne dis pas que je suis un ancien combattant au travail parce que cela dérange certaines personnes, mais ça m'énerve d'avoir à cacher le fait que j'ai risqué ma vie pour mon pays. »

J'ai répondu : « Je suis navrée de ce que tu ressens. Merci pour ce que tu as fait. »

Rob a regardé ses mains et a poursuivi. « J'ai rejoint cette entreprise parce qu'elle disait qu'elle était « favorable aux militaires ». Maintenant que je suis là, j'ai l'impression qu'ils essayaient simplement de se donner bonne figure en recrutant quelques

vétérans. Ce n'est pas ce que j'attendais. »

**« De quoi as-tu le plus besoin actuellement ? »** lui ai-je demandé.

Rob a réfléchi un instant. « Du respect. Je veux que ma responsable et mes collègues me respectent et respectent ce que j'apporte à l'organisation, en fonction de mon propre mérite et rien d'autre. J'ai l'impression que ma responsable me prend avec des pincettes en permanence, comme elle et certains de mes collègues supposaient que tous les anciens combattants sont atteints de TSPT. Elle ne me donne jamais de véritable feedback. Elle agit comme si elle avait peur que je puisse péter un câble ou quoi si elle me fait des critiques constructives. Je le remarque aussi chez certains de mes pairs. Ils disent qu'ils respectent ce que j'ai fait, mais ils gardent aussi leurs distances, comme ils ne savaient pas comment m'aborder. »

« Et donc, pour toi, qu'est-ce qui compte le plus en matière de respect ? »

# S'IMPLIQUER

Comment coacherais-tu Rob si tu étais son responsable ?

❈ _____

❈ _____

❈ _____

❈ _____

❈ _____

Comment coacherais-tu la responsable de Rob si elle était dans ton équipe ?

❈ _____

❈ _____

❈ _____

❈ _____

❈ _____

❈ _____

Quelle question de coaching utiliserais-tu pour chacun d'eux afin de les aider à envisager de nouvelles perspectives ?

❈ _____

❈ _____

❈ _____

❈ _____

❈ _____

# S'IMPLIQUER

La situation de Rob souligne également la nécessité d'explorer et de comprendre davantage **l'intersectionnalisme**, c'est-à-dire le chevauchement des différents aspects de nos identités. Les gens ne représentent pas seulement un aspect de la diversité. Rob est un homme blanc, un hétérosexuel et un vétéran. Bien qu'à première vue il puisse avoir l'air de faire partie de la majorité dominante, son histoire est plus compliquée, et certains aspects de l'identité de Rob qui le rendent différent sont également ceux qu'il peut utiliser pour apporter une valeur ajoutée à une organisation.

# INTERSECTIONNALISME

A VETERAN

*divorced*

1st Generation College Graduate

Gender Neutral

Single Parent

EXTROVERT

An Immigrant

Multi-racial

Christian

**middle class**

Millennial

Able-Bodied

*Asian/Pacific Islander*

TRANS

Lesbian

Buddhist

Refugee

White

I AM

Cisgender

Male

Hindu

Multilingual

Single

Baby Boomer

GAY

AFRICAN DESCENT/ BLACK

Gen X

Muslim

Straight

FEMALE

Working Class

*Adoptive Parent*

A person with a disability

Atheist

Married

_____  _____  _____  _____

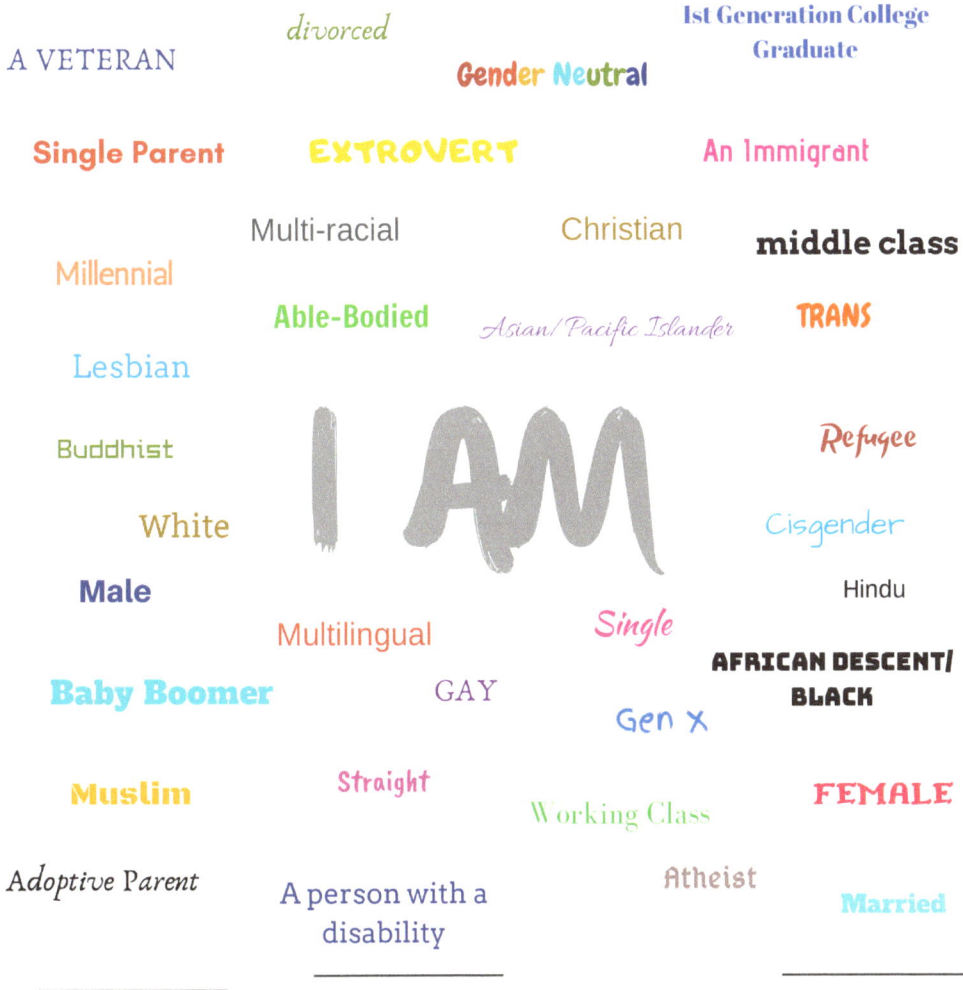

Toutes nos identités, notre histoire et qui nous sommes ressortent en même temps. Il est temps de reconnaître et d'apprécier que nous sommes tous des êtres aux multiples facettes qui ne peuvent être confinés à une seule histoire.

# Évaluation

**ÉVALUE CHAQUE DÉCLARATION EN UTILISANT L'ÉCHELLE SUIVANTE :**
5 Tout à fait d'accord
4 D'accord
3 Sans avis
2 Pas d'accord
1 Pas du tout d'accord

Je cherche à en apprendre plus sur les cultures et les origines différentes des miennes. ___________

Je considère chaque jour comme une opportunité de rencontrer de nouvelles personnes et d'en apprendre plus sur mes collègues. ___________

Je reste ouvert aux possibilités en posant constamment la question : « Que pouvons-nous faire d'autre ? » ___________

J'encourage des pensées et des idées divergentes pour prendre des décisions. ___________

Je pose des questions ouvertes pour obtenir des perspectives plus diversifiées. ___________

**Quels sont tes points forts ? Comment se sont-ils manifestés dans ta vie ?**

- ___________
- ___________

**Quels sont tes domaines d'opportunité ? Comment se sont-ils manifestés dans ta vie ?**

- ___________
- ___________

# APPLICATION

## TOI

> Sollicite le feedback de collègues différents de toi pour découvrir tes faiblesses culturelles.

> Efforce-toi délibérément de comprendre l'expérience des employés issus de minorités.

> Réfléchis à tes « cercles ». Qui sont ceux que personne n'écoute dans ta vie professionnelle et personnelle ? Lesquels dois-tu inclure ?

## ÉQUIPE

> Donne priorité aux candidats qui apportent de nouvelles perspectives et ajoutent une nouvelle dimension à ton équipe dans tes décisions d'embauche.

> Organise et partage le contenu Diversité, équité et inclusion relatif à ton activité avec l'équipe et sur les réseaux internes.

> Invite les gens à partager leurs histoires de diversité, d'équité et d'inclusion : D'où viennent-ils ? Comment s'identifient-ils ? Quelles ont été leurs expériences en matière d'inclusion ou d'exclusion ?

## ENTREPRISE

> Vas aider les gens dans les communautés ! Travaille avec tes clients pour mieux comprendre leurs besoins grâce à des initiatives de responsabilité sociale.

> Organise des réunions « Défi d'innovation » avec des partenaires transversaux et assure-toi que diverses opinions sont réunies pour réfléchir à de nouvelles façons de travailler et de nouvelles opportunités commerciales.

> Anime des cercles d'inclusion en utilisant le jeu de cartes Cercles d'inclusion (voir la section Autres ressources)

> **Comment vas-tu coacher
> la prochaine génération de leaders
> à s'engager à solliciter de nouvelles
> perspectives ?**

Le modèle COMMIT aide les coachs pour qu'ils posent aux individus des questions habilitantes qui s'appuient sur leurs réalités et éveillent leur curiosité envers eux-mêmes et envers ceux qui sont différents.

### EXEMPLE DE QUESTIONS DE COACHING :

Quelles perspectives et expériences manque-t-il ?

Comment pouvons-nous nous assurer d'éviter de penser comme un groupe ?

Qu'est-ce qui est possible ?

Quels sont tes choix ?

Que vas-tu faire pour rester sensible aux perspectives des autres ?

### RÉDIGE TES PROPRES QUESTIONS DE COACHING :

❋ _____

❋ _____

❋ _____

❋ _____

❋ _____

# Réflexion

Que vas-tu faire pour rester sensible
aux perspectives des autres ?

❉ _____

❉ _____

❉ _____

❉ _____

❉ _____

Qu'est-ce qui te vient à l'esprit
lorsque tu réfléchis à cette question ?

❉ _____

❉ _____

❉ _____

❉ _____

❉ _____

Note tes réflexions dans la section
Commentaires.

# Commentaires

❈ _____

❈ _____

❈ _____

❈ _____

❈ _____

❈ _____

❈ _____

❈ _____

❈ _____

❈ _____

❈ _____

❈ _____

❈ _____

❈ _____

❈ _____

❈ _____

❈ _____

DIS LA VÉRITÉ
MÊME QUAND
C'EST DIFFICILE

# CITATIONS

*Je ne me soucie pas de la vérité qui me libérera, je suis à la recherche de la vérité qui nous rendra tous libres.*

# S'IMPLIQUER

Tu sais que ton équipe serait encore plus forte si elle était plus diversifiée ou que tu utilisais mieux la diversité dont tu disposes. Alors pourquoi ne veux-tu pas faire changer les choses ? Quel est le « pourquoi » qui se cache derrière tes raisons de ne pas agir ?

Quelle histoire te racontes-tu pour justifier pourquoi il vaut mieux se taire ? Quelle vérité devrais-tu plutôt partager ? C'est le type de réflexion personnelle qui te permettra au final de t'exprimer et de faire avancer la discussion sur la diversité et l'inclusion.

Renforcer tes compétences pour diagnostiquer tes propres tentatives d'auto-illusion et celles des autres, et rechercher plutôt la vérité peut être fatigant, gênant, voire douloureux, mais c'est essentiel pour promouvoir la diversité, l'équité et l'inclusion. Cela exigera un niveau de vérité et de vulnérabilité radicales que nous n'avons pas encore atteint... mais c'est possible.

# Scénario Regarder la vérité en face

## ÉVOLUTION DE LA CULTURE

Nina vient d'être embauchée en tant que directrice principale des technologies de l'information et de l'innovation. Le responsable qui l'a recrutée a recherché et accueilli de manière proactive l'approche non conventionnelle et les idées innovantes de Nina. L'organisation était dans son ensemble composée d'une main-d'œuvre très expérimentée habituée aux approches traditionnelles.

Recrutée dans un nouveau poste, Nina a été identifiée comme déterminante dans la stratégie de transformation de l'organisation. Bien qu'elle ait apporté de précieuses contributions dès son arrivée, elle n'a pas été bien accueillie par les employés en poste qui pensaient que l'entreprise mettait trop de changements en place. On l'a regardée d'un air désapprobateur et on lui a fait des remarques sur sa coiffure et ses bijoux à connotation ethnique. Elle a souvent été exclue d'importantes réunions et communications.

Que dirais-tu ?

✳ _____
✳ _____
✳ _____
✳ _____

Que ferais-tu ?

✳ _____
✳ _____
✳ _____
✳ _____

# Vérités sur l'organisation

" Quelles sont les normes et règles tacites qui ont un impact sur la diversité des talents dans ton organisation ?

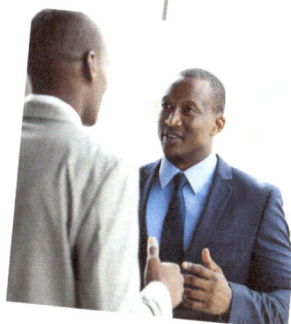

" Quelles preuves confirment une culture d'accueil et d'intégration des nouveaux employés issus de minorités dans ton organisation ?

# Vérités sur l'organisation

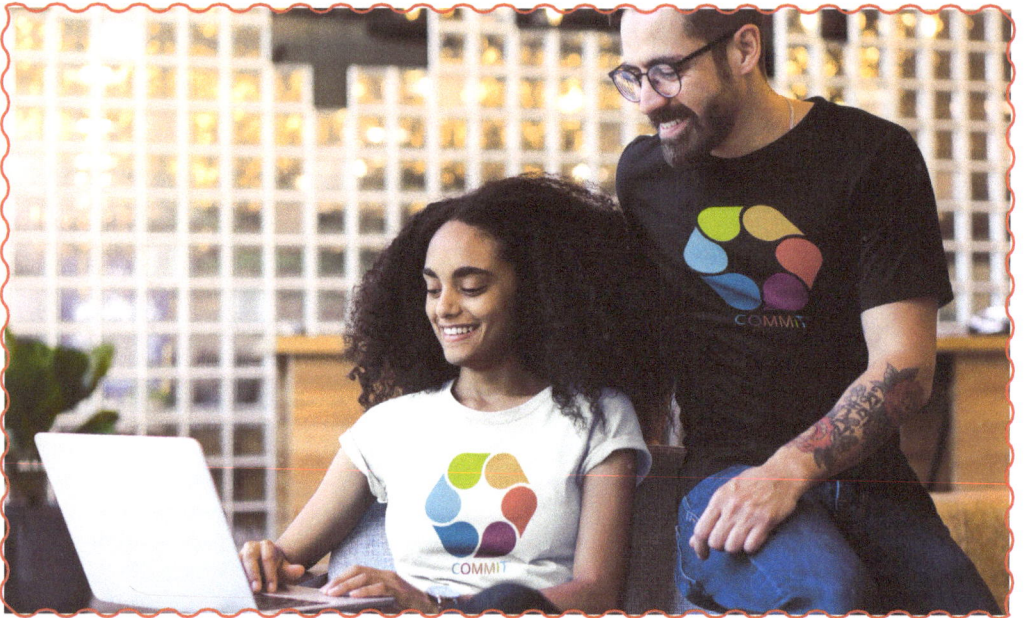

Nous devons poser des questions difficiles pour aller au-delà des paroles en l'air.

> Comment nos politiques peuvent-elles être complices des systèmes d'oppression ?

> À qui nos politiques profitent-elles le plus et pourquoi ?

> Que puis-je réinventer à propos de mon entreprise pour permettre une expérience plus polyvalente qui répond aux besoins de tous mes employés ?

> Dans quelle mesure nos attentes professionnelles peuvent-elles être préjudiciables et discriminatoires envers certains groupes de personnes ?

> Comment pouvons-nous créer des opportunités pour que les groupes marginalisés puissent prospérer ?

> Comment pouvons-nous affirmer la véritable identité des gens au-delà de leur utilité au travail ?

> De quoi les gens ont-ils besoin de notre part en plus d'un salaire, et pouvons-nous le leur donner ?

# Vérités sur l'équipe

"
Quelles vérités existent sur la dynamique de ton équipe ?

"

"
Quelles sont les vérités relatives à la prise de risques et à la prise de parole dans ton équipe ?

"

# Évaluation

Je suis à l'aise pour articuler la valeur de l'inclusion pour mon organisation comme pour moi-même. _____

Je m'assure d'inclure tous les avis pour définir des objectifs et élaborer des plans d'action. _____

J'adopte une approche collaborative et j'examine différentes façons d'apprendre, de travailler et de diriger lorsque je fixe des objectifs. _____

Je considère la diversité, l'équité et l'inclusion pour définir et évaluer les indicateurs clés de performance pour les données qualitatives et quantitatives. _____

J'envisage l'impact culturel et mondial sur mon équipe, mon organisation et la société lorsque je prends des décisions. _____

**Quels sont tes points forts ? Comment se sont-ils manifestés dans ta vie ?**

❈ _____

❈ _____

**Quels sont tes domaines d'opportunité ? Comment se sont-ils manifestés dans ta vie ?**

❈ _____

❈ _____

# APPLICATION

## TOI

> Analyse tes propres sentiments en matière de diversité, d'équité et d'inclusion, vois où tu en es dans ton parcours et dis ce que tu en penses.

> Développe des pratiques d'autogestion comme la tenue d'un journal et des mesures concrètes pour gérer tes déclencheurs en matière de diversité, d'équité et d'inclusion.

> Examine en détail le « pourquoi » derrière tes préjugés et les raisons pour lesquelles tu n'en fais pas plus pour promouvoir la diversité et l'inclusion.

## ÉQUIPE

> Ajoute des sessions « Dis-moi ce que tu en penses » à tes réunions individuelles avec tes collaborateurs. Prévois une discussion ouverte où tu essaies simplement de comprendre et d'apprendre à connaître ses besoins.

> Établis des règles de base pour les échanges et les réunions d'équipe qui permettent un feedback honnête sans crainte de jugement ou de représailles.

> Organise un Cercle d'inclusion à l'aide du jeu de cartes d'inclusion lorsque la vérité est pénible à entendre ou à accepter pour ton équipe ou ton entreprise (voir Autres ressources).

## ENTREPRISE

> Partage des recherches, des articles, des livres et des conférences TED qui expliquent les liens entre tes impératifs commerciaux et la diversité, l'équité et l'inclusion.

> Travaille avec des associations externes qui aident différents groupes démographiques pour leur permettre d'accroître la diversité, l'équité et l'inclusion dans l'organisation et le secteur.

> Rejette les politiques qui encouragent le statu quo relatif à la diversité, l'équité et l'inclusion.

> **Comment vas-tu coacher la prochaine génération de leaders à s'engager à dire la vérité, même quand c'est difficile ?**

Le cadre de comportement inclusif COMMIT aide les coachs pour qu'ils posent aux individus des questions habilitantes qui s'appuient sur leurs réalités et éveillent leur curiosité envers eux-mêmes et envers ceux qui sont différents.

**EXEMPLE DE QUESTIONS DE COACHING :**

Qu'est-ce qui t'intéresse dans cette situation ?

Quand tu te parles de toi, que dis-tu ?

Quelle vérité aimerais-tu faire connaître ?

Comment l'inclusion honore-t-elle tes valeurs ?

Quelle histoire te racontes-tu à propos des personnes dont la culture diffère de la tienne ?

**RÉDIGE TES PROPRES QUESTIONS DE COACHING :**

❊ _____

❊ _____

❊ _____

❊ _____

❊ _____

Si ton organisation n'est **pas consciente** de l'impact et de la portée **de l'oppression systématique**, elle participe sans aucun doute à perpétuer cette oppression. C'est là que nos discussions devront commencer à partir de maintenant.

# Réflexion

Quelle vérité aimerais-tu faire connaître ?

❋ _____

❋ _____

❋ _____

❋ _____

❋ _____

Qu'est-ce qui te vient à l'esprit lorsque tu réfléchis à cette question ?

❋ _____

❋ _____

❋ _____

❋ _____

❋ _____

Capture your thoughts in the notes section.

# Commentaires

❈ _____

❈ _____

❈ _____

❈ _____

❈ _____

❈ _____

❈ _____

❈ _____

❈ _____

❈ _____

❈ _____

❈ _____

❈ _____

❈ _____

❈ _____

❈ _____

COMMIT
INCLUSIVE
BEHAVIOR
FRAMEWORK
SCENARIO

# SCÉNARIO

## PING

Ping, est venue à une session de coaching visiblement frustrée par sa progression professionnelle. C'est une employée remarquable qui travaille dans l'équipe des opérations de son entreprise depuis huit ans, mais sa frustration vis-à-vis de ses responsabilités professionnelles commence à affecter sa performance.

« Je veux envisager un changement de carrière vers un poste de vente ou de marketing où je pourrais mieux exploiter mon talent créatif, mais tout le monde me dit que je dois rester aux opérations. Je veux également travailler dans un poste en contact avec la clientèle où je pourrai travailler régulièrement avec les gens. »

Elle se tait pendant quelques secondes avant d'ajouter, « Je pense qu'ils croient que je ne suis bonne que pour des rôles opérationnels parce que je suis asiatique. »

Le mentor de Ping et son représentant RH lui ont dit qu'ils la voyaient continuer à occuper un rôle opérationnel axé sur les indicateurs et l'analyse. Son ancien responsable avait également fait des commentaires indiquant que son fort accent l'a rendait mal adaptée aux postes en contact avec la clientèle.

# SCÉNARIO

En gardant les six étapes COMMIT à l'esprit, comment pourrais-tu coacher Ping dans cette situation ? Comment peux-tu créer un espace sûr de découverte ? Quelles questions respectueuses de sa culture et contribuant à l'autonomie pourrais-tu poser à Ping ?

> " **ENGAGE-TOI À AGIR COURAGEUSEMENT** "

Ping a déjà abordé l'une des questions de la colonne « C » de COMMIT : **Quelle contribution ou différence veux-tu faire ?**

Elle souhaite utiliser ses talents créatifs pour contribuer aux ventes ou au marketing de son entreprise. Tu pourrais peut-être lui demander d'approfondir la façon dont elle aimerait contribuer, ou faire un suivi en lui demandant à quoi ressemble la réussite. À quoi ressemblerait sa carrière professionnelle idéale dans un, cinq, voire dix ans ? Comment se voit-elle exactement contribuer, et de quel type d'environnement aurait-elle besoin pour réaliser son plein potentiel ?

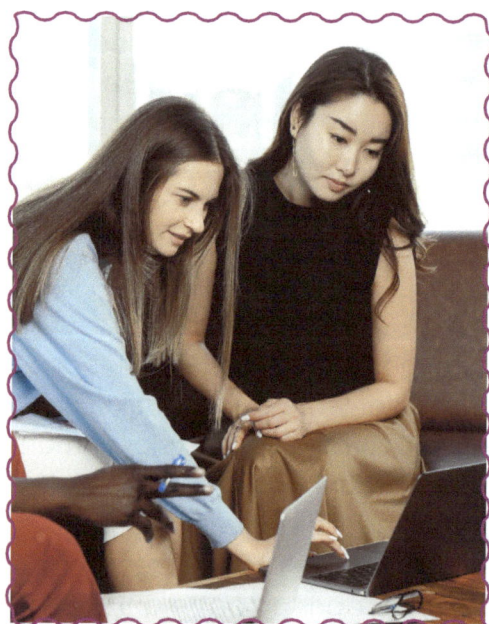

# SCÉNARIO

> ## SOIS ATTENTIF

Tu peux demander à Ping, **Qu'est-ce que cela te fait de te sentir exclue ?** Écouter sa réponse et avoir un aperçu du véritable impact, personnel et professionnel, du feedback que Ping a reçu, pourrait aider Ping et son responsable à comprendre ce qu'elle ressent et à prendre des mesures pour apporter des changements, à la fois pour le bien de Ping et pour le bien de son organisation.

Une autre question qui peut aider Ping à progresser est : **Que peux-tu arrêter de tolérer ?** Y a-t-il des moyens pour Ping de défendre ses intérêts en refusant d'accepter les restrictions que les autres imposent à son évolution ? Cette question n'a pas pour but de faire porter à Ping la responsabilité de transférer tous les préjugés que son responsable et ses RH peuvent avoir, ni même ceux qui sont ancrés dans son organisation. Elle est plutôt destinée à lui donner la possibilité d'explorer tous les facteurs qui peuvent l'empêcher de progresser et lui donner les moyens d'apporter les changements nécessaires pour faire avancer sa carrière.

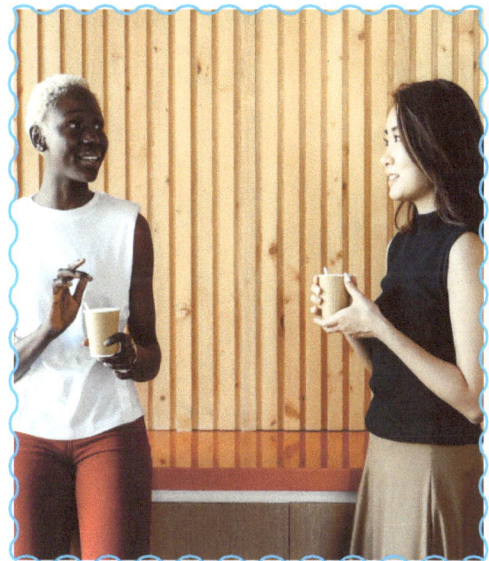

# SCÉNARIO

> ## NE PROFÈRE PAS DES PAROLES EN L'AIR

Ensuite, tu pourras demander à Ping : **Qu'as-tu que tu n'utilises pas ?** La réponse à cette question pourrait prendre diverses formes. Ping peut réaliser qu'elle a des contacts professionnels, un accès à des cours ou des formations ou un certain nombre d'autres ressources qui pourraient l'aider à passer à un rôle plus créatif dans son organisation, ou ailleurs si besoin.

# SCÉNARIO

> **FAIS PLACE AUX POLÉMIQUES ET AUX CONFLITS**

Tu peux aider Ping en « faisant place aux polémiques et aux conflits », en demandant, **Quelles seraient pour toi les conséquences si les choses ne changeaient pas ?** Cela affecterait-il son bonheur, ses revenus ou tout autre aspect de sa vie personnelle ou professionnelle ? Est-elle prête à assumer les conséquences ?

# SCÉNARIO

> ## SOIS OUVERT AUX NOUVELLES PERSPECTIVES

Compte tenu de ce qui est en jeu, il est temps pour Ping d'explorer **les possibilités.** Cette question est souvent plutôt motivante. En réfléchissant à ce qu'elle pourrait accomplir, Ping peut prendre les mesures nécessaires pour en faire une réalité.

# SCÉNARIO

> ## DIS LA VÉRITÉ MÊME QUAND C'EST DIFFICILE

Enfin, tu peux demander à Ping, **Quelle vérité veux-tu partager ?** Ping peut réfléchir à sa situation et ce qu'elle veut faire avec son mentor ainsi qu'avec les RH et autres parties prenantes concernées. Elle peut expliquer ses pensées, ses sentiments et ses préoccupations concernant la situation, ainsi que les façons dont elle estime pouvoir mieux contribuer et répondre à ses propres aspirations dans un autre poste au sein de l'organisation.

Avec les idées de Ping, et le modèle COMMIT™ à l'esprit, tout le monde peut aller au-delà des belles paroles et atteindre le cœur du problème.

# CALL TO ACTION

La première étape est une auto-évaluation sincère. Ensuite, en fonction de ton poste, tu peux contribuer au niveau individuel, en tant que chef d'équipe, ou en tant que dirigeant au nom de toute l'organisation.

En tant qu'individu, identifie les actions spécifiques que tu peux prendre pour permettre davantage d'inclusion. Il peut s'agir de devenir le mentor d'une personne d'un autre milieu, de rechercher intentionnellement des personnes différentes de toi et d'écouter activement leurs expériences et leurs perspectives, ou d'examiner tes propres préjugés inconscients et de t'efforcer de t'en débarrasser. Exprime-toi au nom d'autres personnes durant les réunions et les conférences téléphoniques, en utilisant ton propre privilège et ton pouvoir pour signaler et corriger tout comportement d'exclusion.

En tant que chef d'équipe, crée un espace sûr pour que les membres puissent partager leurs réflexions et leurs sentiments sur le sujet de la diversité, de l'équité et de l'inclusion. Définis des objectifs et rédige une charte d'équipe ou une déclaration de mission qui impose un comportement inclusif spécifique. Envisage d'ajouter des sessions « Dis-moi ce que tu en penses », des discussions ouvertes et des exercices de renforcement de l'esprit d'équipe qui encouragent l'honnêteté et l'inclusion.

Si tu occupes un rôle de dirigeant, donne le ton d'une culture qui ne se contente pas de proférer des paroles en l'air en menant la discussion sur la diversité, l'équité et l'inclusion en interne. Traite les principaux problèmes à l'extérieur. Encourage un changement significatif en attribuant un budget, du personnel et les ressources nécessaires pour renforcer l'inclusion et l'appartenance dans l'ensemble de ton organisation. Parraine un groupe de ressources des employés (ERG) ou un Conseil d'inclusion pour évaluer de manière proactive les politiques et pratiques systématiques en lien avec la diversité, l'équité et l'inclusion. Définis et communique des objectifs de référence avec un plan de responsabilisation associé à la rémunération.

# Prêt à t'engager ?

Alors que tu entres dans la prochaine étape de ton propre cheminement diversité, équité et inclusion, utilise la déclaration d'engagement suivante pour renforcer tes pensées, tes actions et, surtout, ton engagement continu à faire progresser la diversité, l'équité, l'inclusion et l'appartenance au travail et au quotidien :

# Engagement iCOMMIT

Je **m'engage** à **agir courageusement**, en faisant de mon mieux pour **encourager un environnement inclusif** pour moi-même, mon équipe, mon organisation et mon secteur.

Je **m'engage** à **être attentif** aux bonnes choses comme aux mauvaises et à prendre des mesures pour **défendre les bonnes choses et changer les mauvaises** qui nous empêchent d'aller de l'avant.

Je **m'engage** à **ne pas proférer de paroles en l'air** mais plutôt à **joindre le geste à la parole** en termes de diversité, d'équité, d'inclusion et d'appartenance.

Je **m'engage** à **faire place aux polémiques et aux conflits**, sachant que ce n'est que dans ces moments de tension que nous pouvons nous **transformer et nous dépasser**.

Je **m'engage** à **être ouvert aux nouvelles perspectives** en **recherchant activement** la valeur ajoutée **d'opinions diversifiées**.

Je **m'engage** à **dire la vérité**, même lorsque ce n'est pas facile, pour remettre en question les préjugés, supprimer les obstacles et **faire des progrès notables**.

Plus important encore, je **m'engage** à **rechercher en tout temps** la diversité, l'équité, l'inclusion et l'appartenance afin de mettre en place un **meilleur environnement de travail et une meilleure entreprise pour nous tous**.

# RESSOURCES

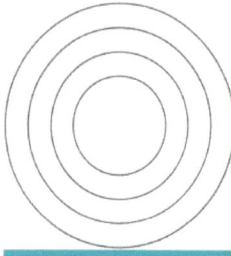

CERTIFIED INCLUSION COACH PROGRAM

**ACSTH**
ICF APPROVED COACH SPECIFIC TRAINING HOURS
**ICF**

inclusioncoaches.com

# AUTRES RESSOURCES :

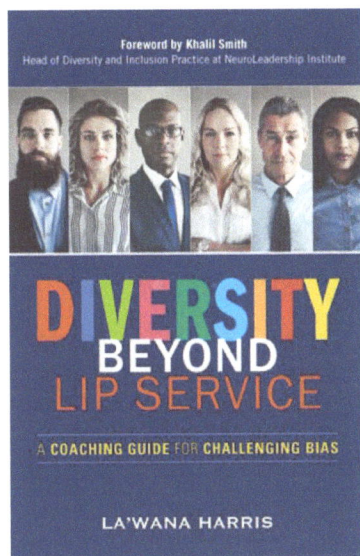

**Diversity Beyond Lip Service : A Coaching Guide to Challenging Bias**

*L'un des obstacles tacites du travail sur la diversité est que les personnes qui ont des privilèges doivent s'en servir pour permettre aux autres un accès égal au pouvoir. C'est souvent pour cela que les efforts en faveur de la diversité échouent, les gens croient en la diversité jusqu'à ce qu'ils se sentent obligés de renoncer à quelque chose. Comment pouvons-nous utiliser les compétences de coaching pour les aider à gérer ce changement ?*

Savoir par où commencer un véritable dialogue sur les questions de diversité et d'inclusion peut être problématique pour de nombreux dirigeants. Le jeu de cartes Cercle d'inclusion™ est un outil efficace pour engager une conversation constructive dans un format attrayant. Donne à tes dirigeants les moyens de créer un espace sûr et sans jugement à l'aide d'instructions simples pour permettre une meilleure communication avec des équipes intactes et transversales.

Pour en savoir plus sur La'Wana et participer à l'important travail de promotion de la diversité, de l'équité et de l'inclusion, consulte lawanaharris.com.

# À PROPOS DE L'AUTEURE

La'Wana Harris, CDE, CIC, ACC, est coach en inclusion certifiée, coach accréditée par l'ICF et professionnelle du développement du leadership mondial qui a consacré sa carrière à aligner la performance sur la stratégie commerciale. Son dernier livre, « Diversity Beyond Lip Service : A Coaching Guide for Challenging Bias », propose une approche interne de la diversité, de l'équité et de l'inclusion et constitue la base de son modèle de coaching.

La'Wana contribue à l'industrie du coaching grâce à cette œuvre qui regroupe les espaces de diversité, d'équité et d'inclusion, de développement du leadership et de coaching professionnel. Elle a développé un programme de formation d'accréditation de coach en inclusion conçu pour équiper les coachs et les leaders qui poursuivent leur développement afin de devenir des coachs en inclusion certifiés.

La'Wana est également membre de la faculté du programme de Master of Organizational Dynamics de UPenn et a démontré sa capacité à élaborer des stratégies pour toute une série de fonctions d'entreprise, notamment le leadership mondial et le développement organisationnel, la diversité et l'inclusion et le leadership des personnes. En outre, en tant qu'activiste communautaire, elle a créé des programmes de sensibilisation à la diversité et à l'inclusion et a conçu des solutions globales de gestion intégrées.

Au fil des années de sa carrière professionnelle dans le domaine des soins de santé et du militantisme pour la justice sociale, La'Wana a reçu de nombreux prix de l'industrie et des communautés. Dernièrement, La'Wana a été reconnue par le magazine PharmaVOICE parmi les 100 personnes les plus inspirantes de l'industrie des sciences de la vie. Elle a également reçu le prix Women in Leadership de la National Black MBA Association et a été invitée à rejoindre le Forbes Coaches Council en tant que contributrice et leader d'opinion.

La'Wana est également une philanthrope et humanitaire respectée. Comprenant combien il est important pour les enfants de lire des livres avec des personnages auxquels ils peuvent s'identifier, elle a créé deux séries de livres mettant en scène des enfants de couleur. Ces livres promeuvent la diversité culturelle et sont traduits dans les langues locales des nations mal desservies. La'Wana a fait don de 10 000 livres en créole haïtien à des écoles et orphelinats à travers Haïti en partenariat avec Grace International. Grâce à ses efforts, les ventes américaines de ces livres aident à soutenir les jeunes femmes qui se lancent dans une carrière STIM.

Leader serviteur, missionnaire étrangère et nationale et activiste passionnée, La'Wana est convaincue qu'il faut rencontrer les gens là où ils sont pour combattre l'iniquité, la pauvreté et l'injustice.

Pour en savoir plus sur La'Wana et participer à l'important travail de promotion de la diversité, de l'équité et de l'inclusion, consulte lawanaharris.com.

www.ingramcontent.com/pod-product-compliance
Lightning Source LLC
Chambersburg PA
CBHW050909210326
41597CB00002B/70